Israel Suárez

# El Ministro, Su Persona Y Sus Luchas

Israel Suárez

# El Ministro, Su Persona Y Sus Luchas

## Consejos Prácticos Para El Ministro

CREDO EDICIONES

**Imprint**



Cover image: www.ingimage.com

Publisher:
CREDO EDICIONES
is a trademark of
International Book Market Service Ltd., member of OmniScriptum Publishing Group
17 Meldrum Street, Beau Bassin 71504, Mauritius

Printed at: see last page
**ISBN: 978-613-0-71938-8**

# El Ministro, Su Persona Y Sus Luchas

***Dr. Israel Suárez***

# Contenido

# PRÓLOGO

El ministro es una persona dinámica, extraordinaria, única, dedicada, esforzada, amable... Él ha sido llamado por Dios y elegido para la sagrada vocación del ministerio.

Su llamado está acompañado por una constelación de servicio y ayuda al prójimo. Servir a otros es su mayor gozo y alegría. El o ella comparte las alegrías y las tristezas de sus hermanos en la fe. Cuando nace un bebé en alguna familia, el ministro desea ser el primero en felicitar a los padres. Cuando fallece un miembro de la familia, es el primero en dar su pésame.

Los ministros son unos seres maravillosos que comparten sus vidas con los otros. Su consejo es siempre oportuno. Su visita es siempre agradable. Su amonestación es siempre apreciada. Su estímulo es siempre necesitado.

¿Pero qué hay detrás de esa cartelera de servicio? ¿Qué sucede cuando un ministro se desanima? ¿Quién es él o ella como persona? ¿Quién le ministra en su dolor personal? ¿Por qué hay tantas personas ingratas y malagradecidas hacia los ministros? ¿Cómo el ministerio excesivo puede llegar a afectar a la familia del ministro? ¿Qué reclamo hace la esposa del ministro? ¿Sus hijos? ¿En esas temporadas de desánimo, qué experimenta un ministro? ¿Qué sabemos de la sabiduría que el ministro expresa en la administración de la congregación? ¿Cómo el ministro reacciona ante los conflictos y el antagonismo?

Estos y muchos otros interrogantes serán contestados en los capítulos que siguen. Estas reflexiones surgen de una pastoral experimentada. A fuerza de golpes ministeriales nos fuimos formando. Hemos aprendido de nuestros propios errores y fracasos. Sabemos que el pastorado no se aprende teóricamente y con un buen "curriculum" ministerial, sino en la práctica.

Los años de pastorado, y las experiencias como líderes conciliares y pastores de pastores, ya que por la gracia de Dios somos responsables de la dirección, cuidado y formación de otros pastores; nos permiten responder a una pastoral.

Hoy día, hay muchos que pretenden ser unos expertos en teología pastoral e iglecrecimiento, pero ellos mismos nunca han estado enlistados en las filas pastorales conocen la "teoría" del pastorado ausente de la "praxis".

Sabemos que los pastores y los ministros se identificarán con nuestras ponencias. Es nuestro deseo que estas inquietudes pastorales puedan abrir el apetito ministerial, y que otros compañeros también se den a la tarea de la investigación y reflexión pastoral.

Quiero tomar esta oportunidad para reconocer al muy estimado colega, el ***Dr. Kittim Silva Bermúdez*** de la ciudad de **Nueva York**. Es ministro destacado del evangelio, líder comunal, autor de algunos cuarenta libros. A través de los años ha sido un gran amigo y mentor. Este escrito no sería posible sin su apoyo e inspiración.

Finalmente, a nuestro Señor Jesucristo, Pastor y Obispo de nuestras almas (***1 Pedro 2:25***), damos toda la gloria y la honra por permitirnos presentar este escrito.

***Dr. Israel Suárez***

# *1*
# *EL MEJOR CAMINO DEL MINISTRO*

Ante cada uno de nosotros los ministros, se abre un camino excelente. Es el camino de un amor ministerial auténtico y maduro. Aunque este camino parezca difícil, porque demanda disciplina y abnegación, a la postre proporciona satisfacciones personales que son duraderas y contribuyen a la felicidad de nuestra interacción con otros.

¿Qué le ocurre al ministro cuando él escoge este camino del amor? Antes que todo vale declarar que el ministro no debe dejarse dominar por una pasión avasalladora o un arrebato fugaz de los sentimientos. Estas son las falsificaciones egoístas del amor verdadero.

## El ministro debe reconocer que amar es dar

Básicamente, amar significa dar tiempo, fuerzas, afectos, recursos... y por sobre todo, darse uno mismo en favor de otros.

¿Podrá tener amor un ministro que profesa amar a sus colegas, pero no tiene tiempo para confraternizar con ellos? ¿Tendrá genuino amor un ministro que no anima ni comprende a sus compañeros cuando han sido embestidos por el rinoceronte de las flaquezas?

## El ministro que ama es el que acepta

En su aceptación de los demás no discriminará ni por su pasado, ni por su presente. Procurará ver a las personas como Jesús las ve, no tanto por lo que son, sino por lo que pueden llegar a ser mediante la obra del Espíritu Santo. Jesús de Nazaret miró a la mujer samaritana y al pequeño Zaqueo más allá de la corteza humana y vio en ambos dos pecadores arrepentidos.

Esta cualidad de la aceptación es imprescindible en todas las relaciones humanas, pero especialmente en los círculos ministeriales. Dios acepta y ama a todas las personas sin discriminar por su etnicidad, condición social o económica (***Juan 3:16***). El amor va por encima de los intereses propios o las motivaciones equivocadas.

El ministro debe aceptar a su compañero ministro, no importándole su tradición denominacional o conciliar. Eso es madurez y respeto ministerial. No podemos procurar tercamente cambiar con nuestros propios criterios a otros ministros. No podemos tratar de que ellos encajen dentro de nuestro molde ministerial. Esto producirá frustraciones y disgustos. Es importante que los ministros se acepten tal y como son y tengan en cuenta que la frontera del otro se tiene que respetar.

## El ministro que ama es el que crece

Hay una estrecha relación entre el amor a uno mismo y el amor a otro ser humano. Somos incapaces de amar a menos que nos amemos a nosotros mismos. Por eso declaró nuestro Señor Jesucristo: ***"Amarás a tu prójimo como a ti mismo"*** (***Mateo

***19:19***).

¿Cómo crecer en la vida ministerial? Tenemos que reconocer nuestro valor y dignidad personal. Debemos desarrollar más y más nuestros talentos y aptitudes, ampliando nuestra esfera de acción y de utilidad. Al realizar nuestros logros personales podemos inspirar y motivar a los demás.

## El ministro que ama se arriesga

El amor al prójimo demanda riesgos personales. Por amor a nosotros, Jesús de Nazaret se dejó clavar en la cruz del Calvario.

¿Cuáles son algunos de estos riesgos ministeriales? El riesgo de expresar las ideas en forma honesta e independiente. El de comprometerse a ser fiel a otro ministro. El de tener confrontaciones aunque eso pueda mellar nuestra popularidad. El de perder algo a causa de la verdad y la integridad.

Para amar debemos estar dispuestos a ser blancos vulnerables, a enfrentar el dolor y hasta el rechazo como alternativas de nuestras acciones altruistas. Si un ministro no quiere correr el riesgo de sufrir, tendrá que conformarse a una actitud de pasividad monótona y a un ministerio sin aventuras.

## El ministro que ama perdona

Todos necesitamos perdonar y ser perdonados, especialmente en la periferia ministerial. Una actitud no perdonadora limita nuestras fuerzas creativas y nos quita el gozo de vivir. Más aún, nos llena de amargura y resentimientos, cortando los hilos afectivos, impidiéndonos ser los beneficiarios del perdón. Perdonar no es tarea fácil, como tampoco lo es dar, aceptar, crecer o arriesgarse.

El camino que nos lleva a amar a otros es difícil, pero es un camino transitable. Amar como ministros a otros ministros es un retoperenne que se levanta delante de nuestras vidas. Sólo podemos recorrer este camino del amor, tomados de la mano de Dios, permitiendo que su amor y su gracia nos dé energía. Como dijo el apóstol Juan: ***"Amados, amémonos unos a otros; porque el amor es de Dios. Todo aquel que ama, es nacido de Dios, y conoce a Dios"*** (***1 Juan 4:7***). Amar no es una opción, es un deber.

# 2
# LA DIFÍCIL CONQUISTA DEL MINISTRO

El mayor campo de batalla, la lucha más difícil, el mayor esfuerzo por vencer... lo tenemos dentro de nosotros mismos. Nuestros enemigos son los soldados de nuestras debilidades, de nuestros defectos, de nuestras flaquezas, quienes minan y debilitan nuestra voluntad.

En nuestra lucha de conquistas personales hay obstáculos superiores a nuestra capacidad de dominio. Toda una artillería intelectual no podría vencer ese ejército pasional que está atrincherado en nuestro campo de batalla.

La ayuda que necesitamos los ministros debe proceder de arriba, de lo alto, del cielo, de Dios. La ayuda que apremiamos tiene que ser divina. Jesús de Nazaret vino en una misión de la eternidad a lo temporal, del cielo a la tierra, Dios se vistió de hombre, para darnos la victoria sobre las debilidades humanas.

El apóstol Pablo se encontró entre los parámetros de lo puro y lo impuro, de la victoria y de la derrota, de la fe y de las dudas, del espíritu y de la carne. Él reconoció que el pecado era el causante invisible de sus luchas internas como ministro. Por eso se encontró muchas veces haciendo lo que no quería y no haciendo lo que quería (***Romanos 7:15-25***).

Como ministros nos encontramos dando pasos hacia adelante, cuando inesperadamente tropezamos y caemos, nos golpeamos, nos herimos. Nos preguntamos ¿por qué? Esto lo descubrimos cuando una actitud de vanagloria pinta nuestras palabras. Cuando impulsos vanidosos nos inflan haciéndonos creer que somos superiores a otros ministros por ser reconocidos o por tener una congregación más crecida o porque pertenecemos a una organización más antigua o más grande.

Pablo decía sin temor a ser clasificado como carnal o mundano: ***"¡Miserable de mí! ¿quién me librará de este cuerpo de muerte?"*** (***Romanos 7:24***). Pero acto seguido miraba al Calvario y luego al cielo y gritaba: ***"Gracias doy a Dios, por Jesucristo Señor nuestro. Así que, yo mismo con la mente sirvo a la ley de Dios, mas con la carne a la ley del pecado".*** (***Romanos 7:25***).

## El ministro debe ser sincero

Pablo no se avergonzó de confesar sus debilidades. A él no le preocupaba la reputación ministerial sino la consagración a Dios. Sabía que el ojo humano lo veía de una manera, pero el ojo divino lo veía en realidad como él era.

Muchos fracasos ministeriales se deben precisamente a que los ministros no son sinceros. En vez de buscar ayuda a tiempo, cuando el pecado ha comenzando a minar su viña, lo disimulan, lo esconden hasta que un día son sorprendidos y todo se les derrumba. Los últimos años nos han enseñado que tarde o temprano todo saldrá a la luz. Hoy día sabemos de grandes ministerios que están en ruinas o enterrados ministerialmente porque vivían y ministraban con el manto del engaño.

## El ministro debe confiar en Dios

Sus debilidades las debe confesar a Dios. Debemos permitir que el Señor Jesucristo llegue a nuestro corazón y ponga el oxígeno que necesitamos, dándonos luz y esperanza ministerial.

En oración debemos pedir la ayuda divina. Hay que entrar en una interacción con Dios de dependencia y obediencia. Su Libro Sagrado debe ser la medicina continua para nuestras vidas. Su contenido divino nos debe influenciar y la presencia del Espíritu Santo debe manifestar una transformación de carácter en nuestra persona.

## El ministro debe luchar

Luchemos sin temor al fracaso. Todos los esfuerzos que parezcan infructuosos, se convertirán en punta de lanza para el éxito ministerial. Todo lo que seamos y hagamos estará basado en un sentimiento de humildad y de confianza en el Soberano. Sin el Señor Jesucristo somos una resta espiritual, con Él somos la suma de Dios.

# 3
# EL MINISTRO Y SU VIDA EQUILIBRADA

Sobre este tema se podría escribir mucho. Para que un ministro tenga éxito total, tiene que tener una agenda de prioridades dentro y fuera del desempeño de su ministerio.

## El ministro y su familia

Su responsabilidad es proveer para el sostén de la misma. Si la congregación no puede ofrecerle un salario decente para que su familia se pueda sostener, debería complementar el mismo con algún trabajo secular. Su familia debe vivir, comer y vestir bien y él es responsable de que así sea.

El ministerio no debe ser excusa para descuidar económicamente a la familia. El éxito de un ministro se refleja en la familia. Una familia satisfecha y feliz es un fuerte apoyo para cualquier ministro.

La familia exige tiempo, dedicación, atención y cuidado. Es una prioridad ministerial. El ministerio no nos puede entretener al extremo de llevarnos a un exilio familiar. Actividades tales como graduaciones de los hijos, vacaciones, cumpleaños, bodas... no deben postergarse o dejar de realizarse por causa del ministerio.

En el idioma inglés hay un término muy popular que es "workaholics". El mismo implica trabajo excesivo. Personas que sólo viven para trabajar. No es de extrañar que un "workaholic" sea el primero en llegar a su trabajo y el último en salir del mismo. Aun en su hogar desea completar su trabajo y por eso siempre trae algo para adelantar.

Muchos ministros llegan a embriagarse con su ministerio. Según ellos la obra del Señor es primero. Todo lo demás viene después y si se tiene tiempo se hará.

Esta clase de ministros embriagados del ministerio se comprometen económicamente con exceso, formulan planes no realistas o no reconocen los defectos en su ministerio.

Otros ministros utilizan su ministerio como un mecanismo de escape emocional. Por lo tanto se ven obligados a excluir sus prioridadcs. Deploramos el que haya adictos a las drogas y al alcohol, pero de algún modo promovemos y admiramos a los adictos al ministerio. El trabajo excesivo en el ministerio a expensas de toda otra responsabilidad, presenta una sintomatología de tensión, de realización e implica reacciones emocionales.

Aquellos que están esclavizados al ministerio no ven los efectos negativos de su conducta. Su propia casa o apartamento se convierte en una sucursal de la oficina pastoral. Esta clase de ministros no toma vacaciones. No sabe descansar. Sólo piensa en el ministerio. Se cree que sin él o ella la obra de Dios se paralizará. La realidad es que en la obra del Señor Jesucristo ninguno de nosotros es imprescindible.

## El ministro y su matrimonio

La esposa de un ministro necesita atención, cuidado, cariño y amor de él. Los problemas conyugales afectan el éxito ministerial. Hay que amar el ministerio, pero también hay que amar a la esposa. Se tiene que sacar tiempo para ella. Ella necesita ser estimada, apreciada y buscada. Desea que su esposo la enamore siempre.

# 4
# EL MINISTRO Y EL ÉXITO

Todo ministro desea triunfar en la vida. Pero el triunfo tiene que ser conquistado y toda victoria significativa se logra con esfuerzo y lucha.

La historia está ilustrada por muchos hombres y mujeres que triunfaron sobreponiéndose a sus desventajas. Benito Juárez, conocido como el "Benemérito de las Américas", nació en un pequeño pueblo del estado de Oaxaca, en México. Provino de una familia indígena humilde. Pero logró escalar los peldaños de la grandeza y se transformó en uno de los héroes mexicanos. Todo porque combinó en su persona el dinamismo con la dedicación y la capacidad mediante la fuerza de voluntad.

Nada podrá detener a un ministro dinámico que esté decidido a triunfar. Un ministro con esa contextura jamás se dejará aplastar por los obstáculos y las contrariedades, sino que los encarará y los vencerá. Su marcha será hacia adelante, hacia la victoria. Luchará constantemente por alcanzar el éxito. Aunque experimente derrotas momentáneas, perseverará porque sabe que al final le espera la victoria.

## Las armas eficaces del ministro dinámico

Ese célebre literato de la lengua castellana ***Don Miguel Cervantes Saavedra***, en su clásico **"Don Quijote de la Mancha"**, se contextualiza en la costumbre de armar un caballero. El cual en el romanticismo de la época saldría en busca de aventuras. El ministro dinámico en la lucha ministerial será un **"Don Quijote de la Mancha"**. Estará armado por la gracia y el poder de Dios. Vestirá la armadura de Dios (***Efesios 6:12-18***).

## El estudio y el ministro dinámico

La educación es la llave del éxito. Las puertas de las oportunidades se abrirán de par en par ante los ministros con una buena educación. El estudio es como una escalera, mientras más se estudia, más alto se puede llegar.

Para que el estudio sea efectivo desarrolle el deseo de aprender. Debe tener una meta fija; estudiar en soledad y en silencio. Sistemáticamente analizar lo estudiado.

El estudio es una tarea de toda la vida. Con un título académico no termina el mismo, sino que comienza. El sabio español ***Menéndez*** dijo: "Qué lástima morir cuando me queda tanto por estudiar". Al famoso ***Pablo Casals*** se le preguntó por qué con noventa años practicaba con el violoncelo seis horas todos los días. A lo que este genio de la música contestó: "Porque me parece que empiezo a hacer algún progreso".

## El trabajo y el ministro dinámico

Para triunfar en la vida se necesita trabajar, trabajar y trabajar. Los ministros dinámicos que han triunfado han sido trabajadores incansables. Aun antes de ser llamados al ministerio eran personas esforzadas, dedicadas, disciplinadas y decididas. Sin esfuerzo y trabajo no habrá éxito.

## La voluntad y el ministro dinámico

Dijo ***Samuel Smiles*** sobre la voluntad: "Una voluntad enérgica es el alma de todos los grandes ministros. Donde ella se encuentra hay vida. Donde ella no existe, únicamente hay debilidad, impotencia y desaliento". El ministro dinámico con una voluntad resuelta es constante ante la prueba, persevera bajo cualquier circunstancia, es optimista ante la adversidad y tiene esperanza aunque todo parezca perdido.

## Los valores espirituales y el ministro dinámico

El ministro tiene que vivir conectado con Dios. Su experiencia espiritual debe ser genuina en su fe con Dios. La Biblia debe ser su libro favorito de texto. Sólo a través de Jesucristo y de una relación diaria con El, podrá alcanzar sus ideales y llegar a sus metas trazadas. Un ministro dinámico depende de Dios.

## El éxito y el ministro dinámico

Para que se considere que un ministro ha alcanzado el éxito, no necesita la medalla de bronce. Basta que en el surco de su ministerio se haya sembrado la semilla del trabajo, la responsabilidad, la solidaridad y el amor. Con que haya contribuido al bienestar de los demás. Con que pueda marchar con la frente erguida y la mirada franca de una conducta recta. Con que su alma se haya elevado del plano vulgar y materialista a las nobles alturas del conocimiento y respeto de Dios.

¿Tendrá usted como ministro la valentía necesaria para ser un triunfador dinámico? Un grupo de jóvenes ministros se quejó ante el superintendente de su distrito conciliar: "No hay lugar para nuestro ministerio en el distrito". El superintendente guardó silencio por algunos segundos y rascándose la cabeza dijo: "Siempre hay lugar en la cumbre". El valle de la mediocridad está lleno, pero la cumbre de lo excelso tiene un lugar amplio. Pero hay que escalar la cumbre y no simplemente mirarla. El patriarca Caleb con ochenta y cinco años de edad (***Josué 14:10***) le declaró a Josué: ***"Todavía estoy tan fuerte como el día que Moisés me envió; cual era mi fuerza entonces, tal es ahora mi fuerza para la guerra, y para salir y para entrar. Dame, pues, ahora este monte, del cual habló Jehová aquel día; porque tú oíste en aquel día que los anaceos están allí, y que hay ciudades grandes y fortificadas. Quizá Jehová estará conmigo, y los echaré, como Jehová ha dicho"*** (***Josué 14:11-12***).

5

# EL MINISTRO Y LA AMBICIÓN QUE DIOS APRUEBA

La Biblia señala que hay una ambición que merece críticas y es censurada, pero también hay una ambición digna y que se debe estimar. Cualquier ambición que tenga por centro y circunferencia a uno mismo es indigna, pero si tiene por centro a Dios, no es solamente legítima sino digna de alabanza.

Muchos ministros no realizan nada extraordinario, simplemente porque no tienen ambición. No tienen un propósito dominador que los impulse a realizarse al máximo en su ministerio.

Antes de la experiencia de Pentecostés, dos discípulos íntimos del Señor Jesucristo, Santiago y Juan, se valieron del amor excesivo de su madre que buscaba puestos privilegiados para ellos (***Mateo 20:20-22; Marcos 10:35-38***). En sus corazones se anidaba una ambición equivocada, egoísta y carnal. Pero tuvieron que aprender la lección de la humildad.

El ministro de Jesucristo se mueve bajo una escala de valores espirituales. La ambición que Dios aprueba tiene que ser pura, noble y estar impregnada con la abnegación y el sacrificio propio.

El ministro se reconoce como una pertenencia espiritual de Dios. Todo lo que es y hace le pertenece a Dios. Su ambición será de dar más bien que de recibir, de servir más bien que de ser servido, y de emplear su tiempo y sus talentos para su Maestro, en vez de rebajarlos buscando el engrandecimiento de sí mismo.

## La motivación y la ambición

La motivación es lo que determina el carácter de la ambición y la clasifica como digna o indigna. ¿Busca el ministro su propia adulación? ¿Está interesado en ser famoso? ¿Desea los aplausos humanos? Jeremías por inspiración del Espíritu Santo le declaró a Baruc: ***"¿Y tú buscas para ti grandezas? No las busques..."*** (***Jeremías 45:5***).

Pablo tuvo motivaciones correctas en su ministerio. Todas sus ambiciones hallaron su centro en Cristo. Por eso declaró: ***"Para que en todas las cosas él tenga la preeminencia"*** (***Colosenses 1:18***).

***David Brainerd*** en su diario escribió: "No me importaba dónde ni cómo vivir, ni las fatigas que sufría, con tal de ganar almas para Cristo. Estando dormido soñaba con esto, y cuando me despertaba lo primero que entraba en mi mente era el ganar almas para Cristo".

Todo lo que hace y logra el ministro es para traer gloria al nombre de Dios. Cualquier otra motivación está equivocada.

## Jabes, un ejemplo de ambición aprobada

En ***1 Crónicas 4:9-10*** leemos: ***"Y Jabes fue más ilustre que sus hermanos, al cual su madre llamó Jabes, diciendo: Por cuanto lo di a luz en dolor. E invocó Jabes al Dios de Israel, diciendo: ¡Oh, si me dieras bendición, y ensancharas mi territorio, y si tu mano estuviera conmigo, y me libraras de mal, para que no me dañe! Y le otorgó Dios lo que pidió"***.

En el pasaje ya citado vemos una ambición aprobada por Dios. De Jabes no sabemos si era rico o pobre, talentoso o popular... pero sí sabemos que ***"fue más ilustre que sus hermanos y que sus contemporáneos"***. El solo registro del pasaje leído indica un recuerdo para la posteridad. Dios muchas veces escoge personas desconocidas en el ministerio y los usa de manera especial. Pero también pasa por alto personas calificadas y talentosas.

Jabes sale de un cuarto obscuro a la luz de la eminencia ministerial. La manera como oró determinó su grandeza. Sus inhabilidades no lo incapacitaron para que el propósito de Dios se cumpliera en su vida. El nombre Jabes significa "dolor" y puede tener un significado profético en relación con su persona. El dolor y la tristeza no pudieron doblegar su voluntad, ni sus aspiraciones.

En su oración Jabes presentó cuatro peticiones: (1) Bendición, ***"si me dieras bendición"***. (2) Territorio, ***"y***

***ensancharas mi territorio"***. (3) Compañía, ***"y si tu mano estuviera conmigo"***. (4) Protección, ***"y me libraras de mal"***. Aunque parece una oración egoísta y de ambición personal, leemos: ***"Y le otorgó Dios lo que pidió"***. Dios vio las verdaderas motivaciones de Jabes. Dios honró a Jabes porque Jabes honró a Dios.

# 6
# EL MINISTRO DINÁMICO

La palabra dinámico se define como: "persona muy activa". Por lo tanto cuando se habla del ministro dinámico, se alude a un ministro activo, dedicado, esforzado, visionario, emprendedor de proyectos y formador de líderes.

Hay una carencia de ministros dinámicos. La dinámica en el ministerio no está limitada a unos cuantos privilegiados. Es para todos aquellos ministros que deseen hacer una inversión en este proceso de formación. Las oportunidades ofrecidas y la espiritualidad pueden ayudar mucho en el logro de este objetivo.

El ministro que sabe encauzar sus energías y se orienta en la dirección correcta del ministerio podrá llegar a ejercer un ministerio dinámico.

Hoy día se están dictando seminarios de entrenamiento ministerial, que en realidad sólo pulen el "estilo ministerial". Recalcan más la conducta ministerial que las funciones miffisteriales.

Un ministerio dinámico es caracterizado por la visión espiritual, la capacidad de persuasión y la motivación. Sobre todo será un líder que guiará a otros hacia nuevas y continuas conquistas. Nunca estará satisfecho con lo alcanzado, sino que deseará alcanzar más para la gloria del Señor Jesucristo.

## ¿Cómo dinamiza el ministro a otros para que logren su visión?

Muchos ministros apelan a la motivación de otros y no son oídos ni seguidos. ¿Por qué? Simplemente porque no han sabido dinamizar a otros. Tienen una visión pero no la saben proyectar. Tienen un objetivo pero no lo saben señalar.

El ministro debe sembrar motivaciones en otros para lograr que realicen lo que él desea. Por eso es muy importante la comunicación. La presentación de proyectos claros y comprensibles. La evaluación de objetivos a largo y a corto plazo. La acumulación de información.

## ¿Cómo aprovecha el ministro la motivación?

Mediante la motivación, el ministro dinámico imparte la confianza en sus seguidores de que tienen la capacidad de alcanzar su visión.

Este proceso depende de la autoeficacia, es decir, la creencia de que uno tiene la capacidad de hacer que ciertas cosas puedan resultar.

A este proceso se puede sumar el deseo de superar una situación sea cual sea. En vez de eludir los desafíos ministeriales éstos serán bienvenidos. El líder motivado por su fe y confianza en Dios, además del estímulo de su superior, no se intimidará ante la adversidad y los obstáculos.

Un líder motivado y fortalecido acometerá cualquier tarea por más difícil que se vea o que realísticamente pueda ser. Sobre todo habrá de perseverar en su empeño sea a corto o a largo plazo.

La motivación produce expectativas. Cuanto mayor es el esfuerzo, más dedicación surgirá para superar los obstáculos. Un ministro que dinamiza a otros, le inyecta el optimismo de que se "puede hacer". Aun cuando la meta no sea alcanzada, la persona continuará sintiéndose con dinamismo. La motivación refuerza la fe de un seguidor o de líderes subalternos. Ayuda a que la voluntad de la persona esté firme y decidida en el intento de tareas difíciles.

Los cuatro puentes hacia las expectativas de eficacia son:

1. *Logros reales*. La visión de un líder debe ser realista, algo que se pueda alcanzar. Un proyecto con recursos para lograrlo. Una conquista difícil, pero posible. Por eso es necesario trazar planes a corto plazo para alcanzar los de largo plazo.

2. *Persuasión verbal*. La comunicación es un factor determinante. El líder debe saber comunicar y transmitir su visión. La manera como la proyecta determinará su aceptación o su rechazo. Las reuniones para formular estrategias de logros y evaluaciones son muy importantes.

3. *Estímulo emocional*. Los seres humanos responden a los estímulos emocionales. Los anuncios en la televisión logran su éxito porque apelan a los sentidos humanos. El estímulo inyectará nuestra visión en otros y los invitará a ser partícipes de

la misma.

4. *Observación*. El ministro dinámico es un observador de todo. Los subalternos necesitan supervisión. Delegar una tarea y olvidarnos de todo, terminará en fracaso. La gente bajo nuestro cuidado y dirección tienen necesidades, confrontan problemas personales, etcétera. El líder dinámico se interesa no sólo en su trabajo sino en sus personas. Velará por sus intereses y así aquellos verán que para su líder son más que instrumentos o medios para lograr un objetivo, son personas apreciadas.

# 7
# EL MINISTRO Y EL DESÁNIMO

El ministro contemporáneo está expuesto a una telaraña de circunstancias y factores relativos a su función, que son responsables por un alto nivel de desánimo.

El ministro no está exento de transitar por el desierto emocional del desaliento o desánimo. ¿Cómo reaccionará ante el desánimo o la depresión?

A lo largo y ancho de la Biblia nos encontramos con hombres y mujeres que anduvieron por esa ruta del desánimo. Personas con las cuales nos podemos identificar en nuestra odisea de fe. Profetas como Elías y Enoc, cuyos ministerios fueron de éxito, en momentos depresivos actuaron irracionalmente pidiendo a Dios por la muerte. Un gigante de la fe como Moisés, también en un momento de depresión optó por desear la muerte.

## El desánimo de Moisés

En ***Números 11:13-15*** leemos: ***"¿De dónde conseguiré yo carne para dar a todo este pueblo? Porque lloran a mí, diciendo: Danos carne que comamos. No puedo yo sólo soportar a todo este pueblo, que me es pesado en demasía. Y si así lo haces tú conmigo, yo te ruego que me des muerte, si he hallado gracia en tus ojos: y que yo no vea mi mal"***.

Moisés, ante la incomprensión e impaciencia del pueblo, que sólo sabía quejarse y demandar, se sintió abrumado, víctima de un completo fracaso en su liderazgo.

Las congregaciones muchas veces desaniman y deprimen a sus líderes, al extremo que éstos desean renunciar, no desean ministrar más y llegan a sentirse unos fracasados.

El pueblo debe aprender a ministrar a sus líderes. A darle ánimo ministerial. A no presionarlos hasta el extremo que el ministerio se vuelva una carga pesada para ellos.

Moisés fue víctima de una congregación exigente, caprichosa, dudosa y malagradecida. Por poco le destruyen su ministerio. El boxeador de la fe quería colgar sus guantes.

Pero Dios le dio la solución. En ***Número 11:16-17*** leemos: ***"Entonces Jehová dijo a Moisés: Reúneme setenta varones de los ancianos de Israel, que tú sabes que son ancianos del pueblo y sus principales; y tráelos a la puerta del tabernáculo de reunión, y esperen allí contigo. Y yo descenderé y hablaré allí contigo, y tomaré del espíritu que está en ti, y pondré en ellos; y llevarán contigo la carga del pueblo, y no la llevarás tú solo"***.

Aquí Dios le enseña a Moisés el principio de delegar. Todas estas presiones ministeriales le habían llegado porque él estaba haciendo todas las cosas solo. No compartía con otros líderes la carga del ministerio. Su visión y su capacidad la tenía que multiplicar en otros líderes. El consejo divino es: ***"y llevarán contigo la carga del pueblo, y no la llevarás tú solo"***.

En ***Éxodo 18:13-26***, nos encontramos con que Jetro suegro de Moisés ya le había amonestado por esta falta que tenía de querer hacerlo todo solo.

En ***Éxodo 18:17*** Jetro le aconsejó a Moisés: ***"No está bien lo que haces"***. Luego le declara: ***"Desfallecerás del todo, tú, y también este pueblo que está contigo; porque el trabajo es demasiadopesado para ti; no podrás hacerlo tú solo... escoge tú de entre todo el pueblo varones de virtud, temerosos de Dios, varones de verdad, que aborrezcan la avaricia y ponlos sobre el pueblo por jefes de millares, de centenas, de cincuenta y de diez... Así aliviarás la carga de sobre ti, y la llevarán ellos contigo. Si esto hicieres, y Dios te lo mandare, tú podrás sostenerte, y también todo este pueblo irá en paz a su lugar"*** (***Éxodo 18:18-23***).

## El desánimo de Elías

En ***1 Reyes 19:4*** leemos. ***"Y él se fue por el desierto un día de camino, y vino y se sentó debajo de un enebro;y deseando morirse, dijo: Basta ya, oh Jehová, quítame la vida, pues no soy yo mejor que mis padres"***.

El desaliento le sobrevino a Elías después de una gran victoria (***1 Reyes 18:20-40***). Bastaron las palabras de la malvada Jezabel para que la bravura espiritual del profeta Elías se volviera en cobardía humana: ***"Entonces envió Jezabel a Elías un mensajero, diciendo: Así me hagan los dioses, y aun me añadan, si mañana a estas horas yo no he puesto tu persona como la de uno de ellos. Viendo, pues, el peligro, se levantó y se fue para salvar su vida, y vino a Beerseba, que está en Judá, y***

***dejó allí a su criado" (1 Reyes 19:23).***

Una sola persona fue suficiente para desanimar a Elías. Muchos ministros son desanimados y hasta llegan a acobardarse ante un líder que le exprese amenazas. Se sienten fácilmente amenazados, y hasta prefieren la muerte de su ministerio, renunciando al mismo o yéndose bien lejos. Se convierten en fugitivos del ministerio y de la voluntad divina para sus vidas. El llamado que Dios le había dado a Elías tenía que estar por encima de las amenazas ruidosas de Jezabel.

## El desánimo de Jonás

En ***Jonás 4:8*** leemos: ***"Y aconteció que al salir el sol, preparó Dios un recio viento solano, y el sol hirió a Jonás en la cabeza, y se desmayaba, y deseaba la muerte, diciendo: Mejor sería para mí la muerte que la vida"***.

Jonás fue el profeta fugitivo. Dios lo llamó a Nínive y él se fue a Társis. Le interesaba más la reputación ante su propio pueblo, que la integridad como profeta y su responsabilidad hacia un pueblo perdido.

La ciudad de Nínive se convirtió en el escenario de un gran avivamiento de arrepentimiento y salvación. Toda una ciudad se rindió ante los pies del Todopoderoso. Pero Jonás como era un profeta de juicio y no de gracia y misericordia se disgustó con el éxito alcanzado. Tenía que hacer un llamamiento al altar, pero no deseaba que nadie pasara y cuando se le llenó el altar, se fue frustrado.

El desánimo muchas veces viene porque nos encontramos haciendo lo que queremos y no hacemos lo que el Señor desea. Ante la victoria no deseada, Jonás sale desanimado, desalentado y deprimido.

En conclusión, cuando el desánimo invade la vida del ministro, afecta su esfera de ministerio. Debemos orar a Dios para que nos ayude a superar esa etapa del desánimo. Sobre todo preguntémonos, ¿por qué estoy desanimado? La contestación a esta interrogante nos ayudará a entender nuestro desánimo.

# 8
# EL PROTOCOLO MINISTERIAL

*"Palabra fiel: Si alguno anhela obispado, buena obra desea. Pero es necesario que el obispo sea irreprensible, marido de una sola mujer, sobrio, prudente, decoroso, hospedador, apto para enseñar; no dado al vino, no pendenciero, no codicioso de ganancias deshonestas, sino amable, apacible, no avaro, que gobierne bien su casa, que tenga a sus hilos en sujeción con toda honestidad (pues el que no sabe gobernar su propia casa, ¿cómo cuidará de la iglesia de Dios?); no un neófito, no sea que envanesiéndose caiga en la condenación del diablo. También es necesario que tenga buen testimonio de los de afuera, para que no caiga en descrédito y en lazo del diablo"* (*1 Tim. 3:1-7*).

Se define "protocolo" como: "regla ceremonial diplomática". El protocolo ministerial es una parte esencial de la conducta ministerial. El protocolo tiene que ver con usos, estilos y costumbres que se observan en las reuniones de carácter elevado y serio, y con aquellos actos cuya solemnidad excluye absolutamente todos los grados de familiaridad y confianza.

Las reglas generales del protocolo, deben observarse en todas las cuatro áreas de las relaciones ministeriales. A saber: la familia o el círculo de tratos domésticos, las personas extrañas a la confianza, las personas con quienes tenemos poca confianza y aquellas con quienes no tenemos ninguna.

Por otro lado, nada hay más repugnante que la exageración del protocolo. En la manifestación del mismo debe haber una efusión de nuestros sentimientos. Por lo tanto, el protocolo influye en la manera de proceder en ciertos actos y situaciones ministeriales.

## I. Los modalos ministeriales

Se denominan modales al conjunto de reglas que tenemos que observar para comunicar dignidad, decoro y elegancia a nuestras acciones y palabras, por medio de las cuales comunicamos benevolencia, atención y respeto. Mediante la expresión de los modales ministeriales, los ministros estrechan lazos que los unen, por medio de impresiones agradables de unos hacia otros.

Estos modales ministeriales nos enseñan a ser metódicos y exactos en el cumplimiento de nuestros deberes ministeriales. Regulan nuestra conducta de manera que no causemos mortificación o disgusto a otros; llevándonos a la tolerancia de los caprichos y debilidades de otros compañeros. Esos modales nos hacen ser afables, atentos y complacientes, sacrificando cada vez que sea necesario y posible nuestros gustos y comodidades en bien de los ajenos; a tener limpieza y compostura en nuestras personas, para fomentar nuestra propia estimación y merecer la de los demás; y nos brinda el tacto fino y delicado que nos hace capaces de apreciar nuestro ministerio.

Las leyes de los modales, en cuanto se refiere a la dignidad y decoro ministerial y a las atenciones que debemos tributar a los demás ministros, rigen en todos los tiempos y en todos los ministerios de la tierra. Estos modales ministeriales prestan encantos a la virtud misma; haciéndola de este modo agradable y comunicativa.

La virtud agreste y despojada de los atractivos de una fina educación, no podría brillar ni aun en medio de la vida austera y contemplativa de los monasterios, donde los seres consagrados a Dios necesitan también guardarse entre sí, los miramientos y atenciones que fomentan el espíritu de paz, de orden y de benevolencia que debe presidirlos.

Los modales ministeriales prestan igualmente sus encantos a la sabiduría. Un ministro profundamente instruido en las ciencias divinas y humanas, pero que al mismo tiempo desconoce los medios de agradar al otro ministro, seria como esos cuerpos celestes que no brillan a nuestra vista por girar en lo más encumbrado del espacio sideral.

Los modales ministeriales necesitan del ejercicio de la paciencia. No podríamos complacer a los demás, si en nuestro interior hay disgustos y rechazos humanos. La renuncia personal es imperativo en el deseo de tratar bien a los demás.

Esos modales deben andar acompañados de buenos hábitos ministeriales. Nuestro comportamiento y nuestras actitudes muchas veces responden al cultivo de buenos o malos hábitos que hemos cultivado en nuestras vidas.

Consideremos el *aseo ministerial*. La pulcritud es un signo externo de lo que en realidad somos por dentro. El aseo fisico contribuye a la conservación de la salud, ayudándonos a una mejor transpiración, favoreciendo la evaporación de los malos humores y ofreciéndonos una apariencia agradable ante los demás.

El buen aseo demanda tiempo, atención y cuidado personal.

En cierto modo es terapéutico. El estar limpios emite un mensaje de aceptación ante los demás.

Consideremos la *conversación ministerial*. El modo de expresarse un ministro debe ser siempre culto, decente y respetuoso, por grande que sea la llaneza y confianza con que podamos tratar a las personas que nos oyen. No nos permitamos nunca expresar en reuniones ministeriales ninguna idea poco decorosa, aun cuando parezca que es buena. Como ministros guardémonos de emplear en la conversación palabras o frases que arguyan impiedad, o falta de reverencia a Dios.

La conversación es el vehículo por el cual el ministro transmite sus ideas y expresa el trato hacia sus compañeros. Pero una excesiva locuacidad puede conducirnos a situaciones difíciles y deslucidas, cuando no está presidida por la dignidad y la discreción. Nada hay que revele más claramente la educación de un ministro que su manera de hablar; esto incluye: El tono, las inflexiones de la voz, la pronunciación, la selección de términos y los ademanes corporales.

La conversación del ministro debe estar siempre animada de un espíritu de benevolencia y consideración; que se extiende no solo a todos los circunstantes, sino también a los que no se hallan presentes; siendo de notarse que toda idea ofensiva a personas ausentes, incluyen también la falta de ofender el carácter de los que nos oyen, pues de este modo los consideramos capaces de hacerse cómplices de semejante vileza.

## *Los deberes ministeriales*

En el ministerio existen relaciones especiales. Ya sean accidentales o permanentes, se deben respectivamente ciertas consideraciones.

Consideremos, los deberes entre el pariente ministro e hijos. El pariente ministro tiene hacia sus hijos una responsabilidad mayor que la de cualquier otro pariente. Ni el pariente ministro hace sentir innecesariamente al hijo la fuerza de su autoridad.

Ni el hijo abusará jamás de los derechos que le concede la amistad y el obsequio cariñoso del pariente ministro. Unidos, entrelazados ambos por el vínculo dulce y sagrado que existe en la naturaleza, sus relaciones están siempre sustentadas por un afecto inextinguible, y amenizada por las demostraciones de la más exquisita educación, que son las que nacen naturalmente de su sentimiento profundo de amistad y benevolencia.

Consideremos, los deberes entre el cónyuge ministro y la pareja. Las relaciones conyugales son las que exigen la mayor suma de prudencia, delicadeza y decoro, así porque la conducta reciproca de cónyuges ministros, ejerce una directa y poderosa influencia en el orden y la felicidad de su familia.

La indisolubilidad que une a una pareja ministerial, no les deja otro árbitro que el escándalo; una vez perdida entre ellos la consideración que no deben perder, a la cual se substituye siempre la discordia con todos sus abominables caracteres.

El cónyuge ministro de buenos principios se manifiesta siempre atento, afable y condescendiente con su pareja, quien le ha entregado su corazón y le ha consagrado su existencia entera.

La consideración y el respeto hacia el cónyuge en el ministerio son muy importantes. Esto traerá indudablemente la consideración y el respeto de hijos y de todas las personas que los rodean.

El cónyuge ministro debe respirar en todos sus actos la dulzura, la prudencia y la exquisita sensibilidad con la cual ha sido dotado por la naturaleza. De esta manera su pareja siempre encontrara a su lado felicidad, satisfacción y contentamiento en todos los rigores de la vida cotidiana.

Consideremos, *los deberes entre el ministro y el público*. El ministro de buenos principios no solo sabe conducirse dignamente con las personas con quienes está relacionado, sino que también tributa consideraciones a la comunidad entera, de manera que su comportamiento no es tampoco ofensivo bajo ningún concepto a los que no le tratan, ni aún a aquellos que no lo conocen personalmente.

Nuestros deberes para con el público, están todos fundidos en el respeto a la comunidad y en el respeto a la opinión de la comunidad.

El respeto a la opinión exige que el ministro se abstenga de todo aquello, que a pesar de ser intrínsecamente bueno, no ofrece al mismo tiempo una apariencia de bondad. Como la comunidad es nuestro único juez en todo lo que mira a nuestra conducta externa, y aquella generalmente juzga por las apariencias, claro es que por más inocentes que sean los móviles de nuestras acciones, si estas aparecen reprobables a los ojos de la moral y del decoro, la comunidad nos señalara irremisiblemente. El escándalo que habremos causado, vendrá a perturbar completamente la satisfacción que hayamos podido encontrar en la pureza de nuestra conciencia.

El ministro rara vez hará dudosa su inocencia, sin haber hecho también dudosa su justificación. Esa es la diferencia entre la condición social de un ministro y de otra persona. Muchos son los casos en que nuestra conducta puede ser ofensiva al público, lo cual se comprenderá a la luz de un atento examen de los deberes morales y ministeriales.

Nuestra diferencia contra otro ministro no se deben hacer públicas, todo insulto personal hecho de este modo es un desacato contra el ministerio. Utilizar la página impresa para censurar y atacar otro compañero ministerial, es rebajarnos al nivel de las acciones del mundo.

En vano buscaríamos nosotros los ministros con qué expresar la magnitud del ultraje que se hace al ministerio, de la vileza en que se incurre, de la malignidad que se revela, cuando directa o indirectamente se ataca en público la reputación moral del colega ministerial.

Como ministros debemos ser necesariamente bondadosos y condescendientes. Es de la bondad y de la condescendencia de donde nacen todos los movimientos dulces, apacibles y benévolos que nos granjean la estimación y el afecto de los demás ministros, y que al mismo tiempo dan brillo y realce a nuestro comportamiento ministerial.

# 9
# EL DECAIMIENTO Y SU RECOBRO ESPIRITUAL

*"Un poco más, y yo hubiera caído; mis pies casi resbalaron. Pues tuve envidia al ver como prosperan los orgullosos y malvados (2-3) [...]¡De nada me sirve tener limpio el corazón y limpiarme las manos de toda maldad! pues a todas horas recibo golpes y soy castigado todas las mañanas. Si yo hubiera pensado como ellos, habría traicionado a tus hijos. Traté de comprender esto, pero me fue difícil. Solo cuando entré en el santuario de Dios, comprendí a donde van ellos a parar (13-17) [. ..] Yo estuve lleno de amargura y en mi corazón sentía lleno de amargura y en mi corazón sentía dolor (21) [...] sin embargo, siempre he estado contigo. Me has tomado de la mano derecha, me has dirigido con tus consejos y al final me recibirás con honores. ¿A quién tengo en el cielo? ¡solo a ti! Estando contigo nada quiero en la tierra. Todo mi ser se consume, pero Dios es mi herencia, eterna y el que sostiene mi corazón (23-26) [...] Pero yo me acercaré a Dios, pues para mí eso es mejor. Tú, Señor y Dios, eres mi refugio, y he de proclamar todo lo que has hecho" (28) (Salmos 73 versos 13, 16-18, 22).*

Es interesante que el ***Salmo 73*** fue compuesto por Asaf, un líder en la adoración del santuario restaurado por David, y un ministro de música (***1 Crónicas 15:16-17; 16:4-5, 7 y 37***). En el mismo encontramos retratado a un ministro decaído, afligido, desfallecido y en un término más contemporáneo "agotado". Se ve a uno que se tiene autocompasión cuando ve otros que siendo carnales y no espirituales progresan y no pasan por los trabajos que a él le ha tocado experimentar.

Los clérigos son los profesionales más afectados por el estrés. En una encuesta de Cristianity Today, se enviaron mil cuestionarios, a los cuales solo respondieron cuatrocientas personas. El resultado fue asombroso: (1) El 69% presentó un problema de identidad ineludible. Es decir, no tenían a quién ir o en quién confiar sus problemas. (2) el 18% expresó que su mayor temor era el pensamiento de tener que fracasar. (3) el 16% señaló la presión de rendir en el ministerio. (4) el 13% manifestó que tenían problemas en amar a sus enemigos. (5) El 12% se sentía con demasiadas cargas en sus relaciones.

En otras palabras, lo antes expresado señala un agotamiento ministerial. La tarea de hacer ministerio y de hacerlo bien es algo que extenúa y agota a los ministros.

El autor ***Myron Rush*** define el agotamiento así: "El agotamiento puede ser definido como el tipo de estrés y fatiga emocional, frustración y postración que surgen cuando una serie o combinación de eventos de una relación, una misión, o una forma de vida, o un trabajo, no producen el resultado esperado. El agotamiento lo sufren generalmente las personas de alto rendimiento, orientadas a los logros y al éxito. Sus agendas están generalmente repletas y siempre trabajan en extremo" (*Agotado*. Editorial Unilit, 1992, p.9).

### *I. Las causas del decaimiento*

Según ***Myron*** en la ya presentada definición, el agotamiento que en este caso lo veremos como el decaimiento espiritual, es causado por una "serie o combinación de eventos de una relación, una misión, o una forma de vida, o un trabajo", los cuales en vez de satisfacer o brindar un sentido de autorrealización en la persona, lo hace sentirse todo lo contrario.

En su definición él señala como candidato potencial para el agotamiento a "las personas de alto rendimiento, orientadas a los logros y al éxito".

Aquellos que ejercen ministerios o funciones ministeriales que exigen mucho de ellos, o que otros esperan demasiado de éstos, están más propensos a manifestar los síntomas de estrés, fatiga, frustración y postración, como así lo ha indicado el autor Rush.

Las promociones, la publicidad, los puestos altos, las responsabilidades y las demandas de ejercer una posición de importancia mayor, conllevan un alto riesgo de decaimiento espiritual.

¿Qué causa el decaimiento? La respuesta más elemental es que es causado por una serie de patrones o una combinación de elementos sicológicos y sociológicos, que son circunstanciales a las demandas y experiencias espirituales. Una serie de factores de relación empujan al ministro y lo arrastran hasta el estado de decaimiento. Algunos de estos factores son:

1. **El factor de la tensión ministerial**. Esa encrucijada entre los que somos realmente y lo que querernos ser, produce en el ministro un sentido de insatisfacción. La sociedad secular y la comunidad de fe le han dado al ministro una lista de descripciones y de funciones de oficio.

Se espera del ministro que cumpla con un papel, que a veces pretenda ser lo que en realidad no es. La expectación que sobre éste o ésta se proyectan producen un estado de inadecuación. Se le exige perfección, cuando éste ve sus imperfecciones; le reclaman una "exagerada" santidad, cuando la naturaleza pecaminosa le dice lo contrario. Tiene que exigir en sus prédicas y enseñanzas lo que a éste le cuesta cumplir. A ésto le podemos señalar como el dilema entre "ser" y "hacer"; "predicar" y "vivir"; "exigir" y "cumplir".

***Malcolm Smit*** ha dicho: "hubo veces en que me sentí como un narcotraficante. Los miembros de la congregación me pagaban para que les diera sus dosis regular a fin de convencerlos de que debían produrar ser buenos cristianos por otra semana"(*Agotamiento espirtual. Editorial Vida, 1990, p.9*).

Esta tensión la expresó el apóstol Pablo cuando dijo: ***"Porque lo que hago, no lo entiendo; pues no hago lo que quiero, sino lo que aborrezco, eso hago. De manera que ya no soy yo quien hace aquello, sino el pecado que mora en mí. Y yo sé que en mí, esto es, en mi carne, no mora el bien; porque el querer el bien está en mí, pero no el hacerlo. Porque no hago el bien que quiero, sino el mal que no quiero, eso hago. Y si hago lo que no quiero, ya no lo hago yo, sino el***

***pecado que mora en mí"***. (***Romanos 7:15-20***).

Esa tensión ministerial es una especie de paradoja existencial. Por un lado nos alegramos de ser ministros, pero por momentos podemos llegar a repudiar el ser ministros. Deseamos ser servidores de los demás y llegamos a pensar que otros nos están usando. Teológicamente queremos y sabemos que tenemos que amar a nuestros enemigos, pero en la práctica los repudiamos y hasta los exilamos de nuestro sentimiento de amor.

El autor ***Jay Kesler*** ha escrito un libro titulado "Santo y Humano". Se espera del ministro una perfección espiritual, que sea un genuino "santo", que manifieste la excelencia en todo aspecto espiritual. Los creyentes se sorprenden de saber que su ministro o el predicador tengan debilidades, que pensamientos lujuriosos los puedan asaltar, que tengan que pretender para satisfacer las demandas de los demás.

2. **El factor de la trasparencia ministerial**. El ministro anda vestido de cristal. Todos quieren ver a través de él o ella. Se le exige demasiada trasparencia. Al extremo que su vida personal y privada esté de continuo ante el escrutinio público.

El pastor y su esposa tienen que enseñar a sus hijos a protegerse y a insularse contra aquellos que desean penetrar detrás de la pared privada de la familia pastoral. Aún la esposa del ministro se cuida de hacer muchas amistades o de darle oportunidad a muchas damas de acercársele a ella.

El temor de que quieren averiguar algo o de que quieren saber esto o aquello otro, las tiene siempre con el semáforo en rojo.

La transparencia es importante porque cada uno de nosotros somos nuestra propia reputación. Pero la transparencia no significa que se tenga que vivir en una casa de cristal.

Muchos ministros en su transparencia pueden ridiculizar a sus hijos, esposa y otros familiares durante las predicaciones. No hay tema que más le interese a las personas que las anécdotas personales del ministro.

El que otros quieran ver a través del ministro le produce a éste mucha tensión emocional. Muchas veces se siente incómodo en reuniones y actividades. La feligresía no sabe separar lo ministerial de lo social y personal.

***Jay Kesler*** ha dicho: "Cierta cantidad de transparencia es esencial, pero demasiada transparencia de un tipo incorrecto o en el momento incorrecto puede ser perjudicial" (*Santo y humano. Casa Bautista de Publicaciones, 1991,p. 35*).

La mucha sinceridad puede ser una punta de lanza contra nosotros mismos o contra nuestra familia. La vida privada del ministro debe mantenerse con la puerta cerrada. Por otro lado nuestra sinceridad debe ser un signo de tránsito espiritual y un semáforo con luz verde para que los demás pasen a Jesucristo.

3. **El factor de las relaciones ministeriales**. Entre más pequeña la congregación más directamente el ministro la puede atender. Por el contrario a medida que crece una congregación la atención del ministro es más indirecta, ya que otros tienen que hacer su trabajo en esta área de visitación y de consejería. Muchos feligreses no entienden esto. Y exigen ser más atendidos y servidos por el ministro, lo cual al éste no poder, le produce un agotamiento que responde a dicha presión.

Muchos creyentes esperan que sea "Elías" el que siempre les atienda y cuando "Elías" no puede y les envía a "Elíseo", estos dicen: " A nosotros que nos sirva "Elías" y no "Elíseo".

Por otro lado hay pastores que nunca se sienten satisfechos con todo lo que hacen por los feligreses y un sentido de culpa siempre los está molestando. ***Jay Kesler*** dice: "A pesar de las muchas horas que invierten en las relaciones, los pastores con frecuencia terminan por sentirse culpables por no haber hecho más" (*Santo y humano, ob. cit., p.40*).

Moisés pasó por la presión de las demandas que el pueblo le hacia. Este le exigía a él lo que estaba fuera de su control. Su respuesta a Dios fue: ***"No puedo yo solo soportar a todo este pueblo que me es pesado en demasía".*** (***Números 11:14***).

El capítulo 18 de Exodo es muy llamativo. Allí se nos presenta a un líder, es decir Moisés, que estaba sobrecargado en sus funciones ministeriales. Su suegro Jetro lo vio en esta condición y lo tuvo que aconsejar:

***"Aconteció que al día siguiente se sentó Moisés a juzgar al pueblo; y el pueblo estuvo delante de Moisés desde la mañana hasta la tarde. Viendo el suegro de Moisés todo lo que él hacía, con el pueblo, dijo: ¿Qué es esto que haces tú con el pueblo? ¿por qué te sientas***

***tú solo, y todo el pueblo está delante de ti desde la, mañana hasta la tarde? y Moisés respondió a su suegro: Porque el pueblo viene a mi para consultar a Dios. Cuando tienen asuntos, vienen a mi; y yo juzgo entre el uno y el otro, y declaro las ordenanzas de Dios y sus leyes. Entonces el suegro de Moisés le dijo: No está bien lo que haces. Desfallecerás del todo, tú, y también este pueblo que está contigo; porque el trabajo es demasiado pesado para ti; no podrás hacerlo tú solo" (Exodo 18:13-18***).

Moisés era el típico ministro "orquesta", el que lo hace todo solo. Aquel que no delega para él asegurarse que las cosas son hechas como él quiere.

Jetro lo confrontó con lo que le podía ocurrir: ***"No está bien lo que haces. Desfallecerás del todo, tú, y también este pueblo que está contigo; porque el trabajo es demasiado pesado para ti; no podrás hacerlo tú solo" (Exodo 18:17-18***).

Allí mismo le dio un esquema y un plan de trabajo (***Exodo 18:19-22***). Lo que Moisés necesitaba era más organización y más delegación de autoridad. El resultado de todo esto lo podemos resumir con declaraciones textuales: (1) ***"Así aliviarás la carga de sobre ti, y la llevarán ellos contigo"***, ***Exodo 18:22***). El ministro debe compartir la carga del ministerio con otros. A eso se le llama delegar. (2) ***"Tu, podrás sostenerte" Exodo 18:23***). El ministro debe cuidarse así mismo. De lo contrario la efectividad de su ministerio será de un impacto limitado y de corta duración. (3) ***"y también todo este pueblo irá en paz a su lugar"*** (***Exodo 18:23***). La paz y la tranquilidad del ministro se proyecta sobre aquellos a los cuales ministra.

La sobrecarga de relaciones puede llevar al ministro al descuido de lo más importante en su vida devocional y en sus prioridades ministeriales. En el lenguaje de ***Hechos 6***, el darle más atención a las mesas quita la atención debida del ministerio de la palabra (la prédica) y de la oración (la devoción).

***"En aquellos días, como creciera el número de los discípulos, hubo murmuración de los griegos contra los hebreos, de que las viudas de aquellos eran desatendidas en la distribución diaria. Entonces los doce convocaron a la multitud de los discípulos, y dijeron: No es justo que nosotros dejemos la palabra de Dios, para servir a las mesas [...] y nosotros persistiremos en la oración y en el ministerio de la palabra" (Hechos 6:1-4).***

La mucha actividad no es señal de mucha espiritualidad, puede de ser lo contrario. En el caso de los apóstoles la oración en sus ministerios se había descuidado, por el servicio.

4. **El factor de la soledad ministerial**. La realidad que confrontan muchos ministros, es que parecen darlo todo por los demás, y en cambio de los demás parece recibir muy poco a quizás nada.

Los ministros también se sienten "solos". Necesitan que los hermanos en la fe también le ministren con su compañía y amistad sincera.

Es el síndrome de ***"solo yo he quedado"*** expresado por Elías (***1 Reyes 19:14***). El profeta manifestó un sentimiento de autocompasión. Por el versículo 18 de este mismo capítulo Dios le reveló al profeta que quedaba en ***"Israel siete mil , cuyas rodillas no se doblaron ante Baal, y cuyas bocas no lo besaron"***. El ministro tiene que aprender a no sentirse solo, a no meterse en una cueva como Elías (***1 Reyes 19:9***). Dos veces Dios le preguntó a Elías: ***"¿Qué haces aquí, Elías?"*** (***1 Reyes 19:9,13***). Las dos veces él respondió: ***"[...] solo yo he quedado [...]"*** (***1 Reyes 19:10,14***).

Notemos que primero Dios mandó a Elías a salirse de la cueva: ***"Sal fuera, y ponte en el monte delante de Jehová [...]"*** (***1 Reyes 19:11***). Pero aun fuera de la cueva éste continuaba con ese sentimiento de soledad ministerial. Más que una soledad circunstancial era una soledad del alma, un vacío interior, una grieta personal.

5. **El factor de la expectación ministerial**. Los ministros muchas veces se autoimponen muchas expectaciones propias, pero las más de las veces aquellos a los cuales éstos ministran esperan demasiado de estos.

Los feligreses esperan que sea un líder que sepa dirigir, organizar, supervisar y administrar. Que sea el que haga que las cosas se hagan. ***Jay Kesler*** ha comparado el consumerismo actual, con gente que busca una iglesia que supla necesidades familiares. Él nos presenta las preguntas que se hacen esta clase de personas amenudo: "Nos gusta el pastor? ¿Tiene el tipo de música que nos gusta? ¿Hay un buen programa para los niños? ¿Es la gente amigable? ¿Tiene deportes? ¿Es fácil de encontrar un lugar para estacionar? ¿Termina el culto a las doce [o temprano?' (cursivas mías para aclarar el sentido)" (Santo y humano, op. cit., p. 55).

Muchos esperan que su pastor sea el que "resuelve todos los problemas". Especialmente esta es la mentalidad de las congregaciones latinas. Al éste sentirse inadecuado para responder efectivamente ante estas demandas, interioriza presiones que lo agotan y hasta lo hacen sentirse como si no sirviera. Se espera más del pastor promedio de lo que éste puede dar.

Ante la presión de estas expectativas no reales, el pastor o ministro debe ventilar sus preocupaciones por las mismas ante sus oficiales, y juntos colaborar en busca de soluciones o respuestas satisfactorias.

Las reuniones con los líderes en vez de verse como confrontaciones hacia el ministerio, o una fiscalización de acciones ministeriales, deberían verse como oportunidades para que el ministro reciba ayuda y apoyo de sus oficiales.

## *II. Las señales del decaimiento*

El agotamiento o decaimiento tiene un aspecto positivo, ya que sus señales iniciales le indica al ministro o pastor que es tiempo de parar, que necesita un descanso, que emocionalmente está desbalanceado, que tome precauciones antes de que sea demasiado tarde.

En su aspecto negativo manifiesta una serie de señales que pueden perjudicar las actuaciones y funciones del ministro. La capacidad productiva de este se ve afectada y limitada. Su ministerio ante los demás pierde su efectividad.

1. *La persona se vuelve irritable*. Lo que antes no le molestaba ahora le molesta. Cosas insignificantes le pueden producir explosiones de ira controlada al principio, y descontrolada después de un tiempo. Moisés irritado le habló a Dios ***"¿Por qué has hecho mal a tu siervo? ¿y por qué no he hallado gracia en tus ojos, que has puesto la carga de todo este pueblo sobre mi"*** (***Números 11:11***). Jeremías irritado declaró: ***"No me acordaré más de él, ni hablaré más en su nombre; no obstante, había en mi corazón como un fuego ardiente metido en mis huesos; traté de sufrirlo, y no pude"*** (***Jeremías 20:9***).

Esa ira repentina es señal de que el agotamiento se está manifestando. Cuando un ministro comienza a sentirse molesto por cualquier cosa, es tiempo ya de tomarse un descanso, un refrigerio espiritual y apartarse de las actividades por algunos días.

**2.** *Las personas se cansan demasiado*. El cuerpo no le quiere responder al mismo ritmo habitual. El cansancio a no ser por causas médicas, le está comunicando a la persona agotada o decaída, que ya necesita un descanso, que es tiempo de parar y de recuperar las fuerzas.

El cansancio puede ser mental y físico. Una mente cansada no puede responder como es debido, y un cuerpo cansado no puede hacer lo que le corresponde.

Lo más dificil para la mayoría de los ministros es descansar. La mayoría no sabemos cómo y cuándo descansar. El lunes debe ser el día de descanso pastoral, y la mayoría encuentra que es el día cuando más cosas en la casa o con el carro tienen que hacer. La carga pesada de la tarea pastoral del día domingo exige que el día lunes, el ministro recupere sus fuerzas. Llevar el cuerpo hasta su limite de agotamiento puede ser muy peligroso. Las defensas corporales del mismo bajan y el cuerpo se hace más susceptible a los resfriados, las anemias y la fatiga.

**3.** *La persona pierde motivación*. De momento se encuentra que lo que le gustaba, como la prédica o la enseñanza, le es una carga. No tiene deseos de hacer las cosas. Y cuando hace algo lo realiza sin mucho entusiasmo. Piensa que lo que hizo o lo que va a hacer no vale la pena.

Las metas y los objetivos ya no son importantes en su vida. Se siente que está aguantando algo hasta que otro pueda venir en su relevo.

**4.** *La persona pierde percepción*. Sus decisiones son más irracionales. Se basan más en lo que él o ella sienten que en lo que piensan. Son más subjetivos en la interpretación de los hechos, que objetivos en la consideración de los mismos.

***Myron Rush*** dice: "Las personas de alto rendimiento llegan a ser exitosas porque aprenden a tomar las decisiones correctas en el momento correcto. Las víctimas de agotamiento pierden la habilidad de actuar en base a hechos y principios sensatos. Por eso actúan y toman decisiones de acuerdo a sus sentimientos.

Esta es una de las razones por las cuales comienza a decaer su efectividad" (Agotado, ob. cit., p.54).

5. *La persona toma todo personal*. Si la junta le desaprueba algo que quería que pasara, se enoja contra la misma. Piensa que no le aprecian, que ya no le apoyan, que a nadie le interesa su trabajo y su esfuerzo. Ve la derrota de esa moción como una derrota personal y no como un consenso general de la junta.

Si le preguntan por algo o por alguien es posible que se ofenda, porque no quiere que le hagan preguntas. Nadie fuera de él o ella le interesan.

Cualquier crítica la ve como una punta de lanza personal. Se dirá así mismo: "Yo ya lo sabía, esto es para paralizarme. Me quieren eliminar. Pero yo no se lo voy a permitir".

Una persona agotada anda a la caza de sus enemigos reales o irreales. Piensa que hay un complot contra él o ella. Que sus amigos lo están traicionando. Si su cónyuge le llama la atención puede que diga: ¡Aja!, ya yo lo sabía, que la familia se vendría en contra".

La persona agotada o decaída no sabe separar lo profesional de lo personal. Aun en la cama está tratando de discutir los problemas que tuvo con la otra persona, con su cónyuge, o quizás desquitándose con los hijos. Cuando la otra persona está durmiendo muy tranquilamente en su hogar. Este estado de intranquilidad puede afectar sus relaciones familiares. Al extremo que su cónyuge e hijos reaccionen con un reflejo del temperamento manifestado. La familia no debe ser víctima de nuestro agotamiento.

### *III. El recobro del decaimiento*

Según el autor ***Brooks R. Faulkner*** al ministro tratar con gente, no se puede desasociar de las ansiedades. El define ansiedad de esta manera: "La ansiedad, en su expresión más sencilla, es el presentimiento de que va a ocurrir algo malo. Es una amenaza a nuestra seguridad. Pero también es una señal de alarma. Es la manera que nuestro cuerpo tiene para decirnos que debemos hacer algo con respecto a las circunstancias que nos rodean. Como no es algo placentero, la mayoría de nosotros tenemos mecanismos en nuestro interior para minimizar la sensación de ansiedad" (*Agotamiento en el ministerio*. Casa Bautista de Publicaciones, 1994, p. 116).

Dicho autor también presenta cuatro estrategias contra el síndrome de agotamiento. A saber: (1) Ayuda profesional. Hay que reconocer cuando se necesita la ayuda médica o de un consejero. El dice: "No debemos dejar que nuestro orgullo nos impida procurar la ayuda profesional que necesitamos" (Ibid., p. 118). (2) Ayuda de colegas. Cualquiera que se aleje de su círculo de colegas necesita ayuda. El declara: "Por ejemplo, si usted ha empezado a ser impersonal en su manera de hablar, esto puede indicar que debe tomar ciertas precauciones. Si expresiones de crí-tica empiezan a ocurrir más en su conversación, debe consultarlo con sus colegas" (Ibid., p. 118).

(3) Autoayuda. Se debe aplicar un mecanismo de autosanidad según ***John D. Adams***, lo cual involucra: Motivación, relajamiento, concentración y visualización. (Ibid., p. 118-119). (4) Ayuda divina. Dios está dispuesto a intervenir en nuestra situación.

Brevemente deseo compartir con usted algunos consejos que nos pueden ayudar a combatir el decaimiento, el estrés o decaimiento.

1. *Tómese un buen descanso*. El problema de la mayoría de los ministros, es que no saben cuándo y cómo descansar. El cuerpo fue diseñado para que tomara ocho horas de descanso diarios. Nuestro propio Señor Jesucristo muchas veces se retiraba solo, el propósito era descansar. Ese tiempo de descanso ministerial no se debe empeñar por nadie, ni por nada.

2. *Sea un líder que delega*. Haga su trabajo ministerial por intermedio de otros. para eso los tiene que capacitar y supervisar. Recuerde usted es importante en la obra de Dios, pero no es imprescindible. Jetro aconsejó a su yerno Moisés con estas palabras: "Desfallecerás del todo, tú, y también este pueblo que está contigo; porque el trabajo es demasiado para ti, no podrás hacerlo tú solo" (Exodo 18:18). Con usted o sin usted, Dios realizará su trabajo.

3. *Acepte consejos por su bien*. Aquellos que están cerca de usted, más que nadie otro se dan cuenta cuando el agotamiento lo está dominando. Hágale 1caso, ellos le llaman la atención porque lo aprecian.

4. *Separe lo profesional de lo personal*. Deje en el templo o en la oficina pastoral los problemas que allí pertenecen. Por favor no se los lleve al hogar

para hacerlos parte del mismo. De ser posible no los discuta ni hable de ellos, espere que vuelva a reunirse con las personas involucradas o con sus oficiales.

5. *Enójese con quien tenga que enojarse.* Muchas veces nos volvemos inhibidos con aquellos que nos causan problemas, pero nos exhibimos con aquellos que no tienen nada que ver con los mismos. Si algo le molesta de alguien, pues dígaselo. Es mejor sacar ese sentimiento negativo del sistema, que dejándolo ahí nos pueda hacer daño emocional y hasta fisico. No interiorice problemas, exteriorícelos. Pero esto sí, cuando confronte a alguien hágalo con estilo, manteniendo su brillo ministerial y hablando a la altura de su llamado.

6. *Vacacione con su familia.* Trate lo más posible de irse bien lejos. Encargue a otro de la congregación y que no lo llamen por nada, a no ser que sea una situación de mucha emergencia. En sus vacaciones distráigase, diviértase, dese la buena vida. Sea un verdadero turista. Por favor no haga compromisos de prédicas, ni dicte conferencias. Esos domingos tómelos libre de asistir a la iglesia. Dele tiempo a su familia, ésta lo necesita y usted los debe atender.

7. *Interrumpa su ciclo de trabajo*. Cada tres meses esté un fin de semana fuera de su congregación, aunque sea ministrando en otra congregación. Esa ausencia rompe un ciclo rutinario. Asista también a retiros de crecimiento espiritual, convenciones ministeriales y salidas al campo.

8. *Saque tiempo para otras actividades*. Practique algún deporte, esto lo ayudará a mantener una buena salud y será una buena terapia personal. Si no tiene un pasatiempo favorito, descubra uno y dedíquele algunas horas semanales.

9. *Muéstrese humano y no pretenda*. Me gusta leer en Juan 1:6 donde dice: "Hubo un hombre enviado de Dios, el cual se llamaba Juan". En Hebreos 4:15 se hace una referencia a la encarnación del Logos, donde leemos: "Porque no tenemos un sumo sacerdote que no pueda compadecerse de nuestras debilidades, sino uno que fue tentado en todo según nuestra semejanza, pero sin pecado".

En ***Santiago 5:17*** leemos: ***"Elías era hombre sujeto a pasiones semejantes a las nuestras, y oró fervientemente para que no lloviese, y no llovió sobre la tierra por tres arios y seis meses"***.

Los pasajes antes citados son una demostración que para Dios es importante que reconozcamos nuestra naturaleza humana. Muchos ministros viven bajo una falsa impresión de una espiritualidad fabricada. Podremos ser espirituales sin perder nuestra sensibilidad humana. Cuando somos nosotros, la gente nos aceptará por lo que somos.

10. *Aprenda a sonreír a la vida*. ***Charles R. Swindoll*** escribió un libro titulado *Sonríe otra vez* (Editorial Unilit, 1993). La lectura del mismo se la recomiendo a todos los ministros. El problema es que muchos en el ministerio han olvidado cómo sonreír. Tenemos cara de Antiguo Testamento cuando debemos tener cara de Nuevo Testamento.

Sobre este tema del gozo dice ***Swindoll***: "Una gran parte del aprender cómo reírse otra vez es ser lo suficientemente tolerante como para dejar las cosas como son...para dar lugar a las diferencias... para aplaudir los buenos resultados, incluso cuando la manera en que otros llegan a ellos pueda no ser la que nosotros preferimos. Se necesita mucha gracia para no ser estrecho de miras, pero, ¡oh, que beneficios se alcanzan!" (Ibid., p. 63).

## *Conclusión*

A través de toda esta potencia se descubre que el tiempo es importante al tratar la temática del agotamiento o el decaimiento. ¿Cómo utilizamos el tiempo y con quién utilizamos el tiempo? Es una interrogante que al ser contestada dará la respuesta a muchos de nuestros problemasa. El tiempo bien empleado nos puede liberar o mal empleado nos puede amarrar.

El autor ***Brooks R. Faulkner*** enumera seis "robadores del tiempo". A saber: (1) El teléfono. (2) Demasiado compromisos. (3) Visitantes casuales. (4) Apresuramiento (5) La inaptitud (hacer mal un trabajo) (6) La indecisión. (Ibid., p, 110).

Uno de cada cinco pastores está fisicamente o emocionalmente agotado (*Clergy stress and burnout*. Minister Life). Según el referido articulo: "La parte triste de todo esto, es que los pastores que están agotados están entre nuestros más dedicados y entregados ministros".

El agotamiento se puede evitar aprendiendo a utilizar bien el tiempo, prestando atención a esos factores ya tratados que inducen al agotamiento o decaimiento, examinando las señales del agotamiento y tomando medidas preventivas.

# 10
## *La Vida Privada del Ministro*

***"Ten cuidado de ti mismo y de la doctrina, persiste en ellos, pues haciendo esto, te salvarás a ti mismo y a los que te oyeren" (1 Timoteo 4:16).***

## Introducción

Me gustaría hacerme dueño de su atención. Deseo que esta exposición cause en usted un efecto muy positivo.

De mera inmediata diré que la vida privada del ministro puede analizarse en varias dimensiones.

Es mi intención mediante este enfoque, aliviar algunas irritaciones, algunas enfermedades y algunos males que espiritualmente pueden ser perjudiciales a cualquier ministro. No puedo simplemente irme a la superficie de la situación. Si queremos extirpar el cáncer, se necesita hacer una "biópsia", localizarlo y saber cómo eliminarlo. Respetando las motivaciones de las esposas de los pastores, trataré este tema abiertamente. Para mí ellas son ministras de Dios. Donde hay un pastor, hay una mujer que apoya y lleva las mismas cargas ministeriales, directa o indirectamente. No la podemos ignorar ni por el orgullo, ni el machismo. Todo ministerio se evalúa por igual, ya que todos los que hemos sido llamados tenemos un lugar céntrico en Jesucristo y con el Espíritu Santo. El ministerio debe mantenerse a un alto nivel.

## I. La primera dimensión es la emocional

Hay que tener cuidado con el emocionalismo, que aunque forma parte de nuestro sistema biológico y fisiológico, tiene que estar bajo el control del ministro. El ministro debe mantenerse con la máxima salud emocional. El servicio a Dios demanda de muchos ministros una vida emocional controlada.

Este como tal está continuamente ministrando a personas en crisis. El hombre o la mujer que Dios ha escogido es al ministro, para ayudar a aliviar los males emocionales y sociales de nuestra comunidad. Por lo tanto este tiene que tener cuidado de sus emociones.

Como ministro pasa por experiencias en las cuales si no se cuida, se podría ver involucrado para su propio mal. Una de estas son las mujeres.

Al manejarse con el sexo opuesto debe ser muy cauteloso. A muchas mujeres les fascina la personalidad del ministro.

Para éstas él es una figura, una personalidad pública, un individuo rodeado de muchísimas atenciones humanas. Su ministerio como persona pública lo lleva a conducirse muy visible dentro de la comunidad. Una mujer que abuse o un ministro que se deje abusar del superemocionalismo, puede resbalar en una supercatástrofe profesional.

Hay muchas mujeres que quieren conmover al pastor porque este es emocional, y se han dado cuenta de la parte débil de este como hombre. Son mujeres atractivas, bonitas, inteligentes, solas... tienen problemas muy personales, y por consejería entre estas y los ministros pudiera surgir una transferencia emocional. En vez de estos llegar a ser instrumentos para que las necesidades de estas sean suplidas, estos pueden convertirse en los suplidores emocionales de esas necesidades.

A continuación presentaré la amarga experiencia de un ministro próspero, de éxito, de respeto comunal, admirado por sus amigos y respetado por sus detractores.

Un día recibió una llamada de una señora que había visto su imagen en la televisión, y parece que le agradó mucho a ella. Pero que era un satélite enviado por el mismo diablo para destronarle de su trono ministerial. Esta se llegó a uno de sus familiares, después de haber estado en contacto con su ministerio, insistiendo en que ella podía dar sus servicios a la organización dirigida por él.

Este familiar con el que esta señora llegó a asociarse es la esposa del ministro. Su personalidad le cayó bien a ésta (por cierto una mujer cuidadosa y templada). Pero la extraña dama se fue introduciendo con el apoyo de la esposa del ministro.

Por fin, su esposa habló con éste y le pidió que aceptara tener a esta mujer ayudando en el ministerio y ayudándolo a él. Aquí comenzó a desarrollarse una amistad que se alimentaba con salidas y comidas sociales.

Ver a esta señora, era mirar una esfinge de respeto y seriedad. Ella tenía varios hijos, casada, norteamericana muy esbelta, pelo largo, alta y con unos manierismos femeninos encantadores, que le hacían voltear la cabeza a cualquier hombre, y el ministro no era una excepción. Ya dentro del ministerio comenzó a realizar pequeñas rutinas de trabajo. Entre estas arreglarle la agenda al ministro. Cuando éste le reaccionó a su mujer, esta le contestó: "Tú problema es que tú lo quieres hacer todo. No te gusta que la gente te ayude".

El ministro fue invitado a un banquete politico, su esposa no podía asistir, y esta mujer se ofreció para acompañarlo. En ese banquete fue vestida de un rojo llamativo, con su traje bien ajustado a su bien definido cuerpo, sobre su cabeza llevaba un elegante sombrero y por ser ella alta, la hacía lucir como una torre de marfil.

Allí comenzó una serie de pruebas para el ministro. A éste se le acercó un amigo del gobierno, y mirándolo un poco desconcertado, le dijo: "¡Oh, una amiga!" Otro le dijo: "¿Y tú esposa, dónde está?" El ministro veía cómo lo observaban los que lo conocían. Y esto lo hacía sentirse incómodo.

La mujer se familiarizó tanto con el ministro, que emocionalmente le estaba haciendo falta. En la mañana le traía su taza de café fresco y caliente. Se desbordaba de atenciones por él. Sus emociones masculinas estaban siendo tocadas y sus pasiones despertándose. Esta fémina lo hacía sentirse como un general de cinco estrellas.

Pero un día, en su propia oficina, ésta le abrió su corazón y le declaró sus sentimientos de atracción personal por él. Esto lo puso a temblar, pero le gustó. "Reverendo, tengo que confesarle que yo sueño con usted y algo me atrae de su persona". La "Dalila" le quería cortar el pelo al "Sansón".

El ministro debe cuidarse de esas hermanas que les gusta soñar con éste. Debe honrar su ministerio, su familia, su iglesia y sobre todo a su Dios. Cuando ésta se le declaró al ministro, éste de manera involuntaria le siguió la corriente. "¿Cómo tú te sientes acerca de mí?" preguntó ésta. Él le respondió: "Más o menos.”

En vez de reprenderla, de corregirla, de mantenerse en su postura ética y profesional, éste cayó en el juego emocional. Pero ésta luego dijo: "Aquí cayó un pastor con otra mujer, pero iba a caer conmigo".

Al ella decir eso, la careta se le cayó al diablo. El ministro se sintió como si se hubiera acostado con ella. La vio repulsiva y se sintió el hombre más desgraciado del mundo. A través de ella misma Dios le había abierto los ojos.

La voz interna de la conciencia le habló: "Si eres hombre, métete a la casa de ella, y confronta al esposo y dile lo que sucedió". Abordando su vehículo manejó hasta la residencia donde ella y su esposo le estaban esperando. Allí le declaro todo a su marido y le dijo: "A ella no la quiero trabajando más conmigo".

Pero la mujer ya se le había adelantado al ministro, contándole a su esposo su propia versión de los hechos. El esposo de ella, mirando al ministro directamente a los ojos le dijo: "Por lo que usted ha dicho tiene que dejar el ministerio, sentarse, y someterse a una disciplina".

Este ministro, que no llegó a caer, fue blanco ahora de la venganza de una mujer y del ataque de un esposo ignorante. Su vida personal y familiar se vio afectada, pero gracias a Dios por su resistencia a la tentación, todavía está en pie y con un ministerio cada día mayor.

El pastor debe cuidarse de toda apariencia de pecado. El estar solo en una oficina aconsejando a una mujer, o el apasionarse con una secretaria puede ser una punta de lanza para su ministerio.

## II. La segunda dimensión es la intelectual

El ministerio requiere que el pastor alimente espiritualmente e intelectualmente al rebaño que ha sido llamado a pastorear. Muchos pastores se la pasan invitando predicadores para que le alimente la grey, están fallando a su ministerio. En su iglesia el pastor debe ser el predicador. Si invita, a los que invita lo hace por honor y por prestigio ministerial.

Hay ministros que no cultivan su intelecto, ni su capacidad, para bogar a las profundidades de la revelación bíblica y desenterrar los tesoros que alimentan la grey. Ministro sea un intelectual, aunque le pase lo que un día me pasó a mí. Fui a predicar a una iglesia y cuando terminé de predicar, había una ancianita que me esperaba para felicitarme. Al darme la mano me dice: "El mensaje estuvo muy bueno, pero no entendí lo que usted predicaba". Aunque surja eso no debe de opacar en mi la preparación y el traerle un pasto a la iglesia.

El ministro debe pasar de tres a cuatro horas cada día en la preparación intelectual y espiritual Muchos dejan de asistir a la iglesia porque dicen: "Ese pastor no tiene nada que dar. Me voy a otra congregación".

El ministro debe darse el lujo de ser reconocido en su comunidad como un buen pastor que alimente bien a sus ovejas. Tenga por norma no permitir a cualquiera predicar desde su púlpito. Cuando vengan por ahí los predicadores "callejeros" y pregunten por usted, que les digan: "Si quieres ir a la iglesia de este pastor, tienes que saber lo que tú vas a hablar".

Dentro de la comunidad y de la congregación, hágase un pastor de estilo, un pastor de ética, un pastor de procedimientos, un pastor que inspire a los miembros de la iglesia, al ministerio a alcanzar profundidades para poder atacar las fuerzas malignas del ocultismo, humanismo y otras situaciones que surgen hoy en nuestro pleno campo intelectual. ¡Ministro prepárate! ¡Vaya a la universidad! ¡Su espiritualidad no se la quita nadie!

## III. La dimensión moral

En los requisitos para los ministros que Pablo enumera en ***1 de Timoteo 3***, aparece la palabra *irreprensible*. Esta palabra sumada a los demás requisitos, que menciona Pablo, presenta las normas morales del ministro en su vida personal. Esto abarca el hecho de que el ministro debe tener templanza para controlar sus propios deseos carnales.

Hay muchas prácticas que parecen inocentes y que la gente dice que son aceptables para el ministro. Pero que pueden ser el primer paso en un desvío moral.

En una de nuestras ciudades de Florida, nos enteramos de un ministro que tuvo un fracaso moral. Una mujer lo había acusado de que cuando éste le fue a dar la mano, se la apretó más que en otras ocasiones.

La mano es pasional. A través de la mano se comunican los deseos sexuales. Hay que saber cuándo la mano busca transmitir las pasiones sexuales. Cuidado cuando se abrace a una hermana. Eso de estar siempre abrazando al sexo opuesto puede ser muy peligroso.

Eso de echarle flores al sexo opuesto y de estar mostrando admiración a las hermanas, es peligroso. El ministro debe mantener su decoro, su prudencia y su ética. Los ministros somos blanco de un poder maligno. El diablo ha dado un precio por nuestra cabeza.

## Conclusión

El ministro debe cuidar de su vida privada en tres áreas: Emocional, intelectual y moral. Descuidar las mismas puede ser causa para un fracaso ministerial.

Concluyo citando las primeras palabras que leí al principio de esta exposición, dichas por Pablo: ***"Ten cuidado de ti mismo..."*** Si nosotros mismos no nos cuidamos, difícilmente otros nos podrán cuidar. Los fracasos son siempre el resultado de descuidos. Un pequeño descuido puede destruirlo todo, una sonrisa, un apretón de manos, una mirada... pueden ser un dardo mortal para cualquier ministro. ¡Tengamos mucho cuidado!

Printed by Books on Demand GmbH, Norderstedt / Germany